情緒海洋系列

劍魚很難過

作　　者：凱蒂・伍利（Katie Woolley）
繪　　圖：戴維・奧魯米（David Arumi）
翻　　譯：潘心慧
責任編輯：王一帆
美術設計：許鍩琳

出　　版：新雅文化事業有限公司
　　　　　香港英皇道499號北角工業大廈18樓
　　　　　電話：（852）2138 7998
　　　　　傳真：（852）2597 4003
　　　　　網址：http://www.sunya.com.hk
　　　　　電郵：marketing@sunya.com.hk

發　　行：香港聯合書刊物流有限公司
　　　　　香港荃灣德士古道220-248號荃灣工業中心16樓
　　　　　電話：（852）2150 2100
　　　　　傳真：（852）2407 3062
　　　　　電郵：info@suplogistics.com.hk

印　　刷：中華商務彩色印刷有限公司
　　　　　香港新界大埔汀麗路36號

版　　次：二〇二三年三月初版

版權所有・不准翻印
ISBN: 978-962-08-8098-8
Original Title: *The Emotion Ocean: Swordfish Feels Sad*
First published in 2021 by Hodder & Stoughton
Copyright © Hodder & Stoughton Limited
All rights reserved.
Text by Katie Woolley
Illustrations by David Arumi
The right of David Arumi to be identified as the illustrator of this Work has been asserted in accordance
with the Copyright, Designs and Patents Act, 1988.

Franklin Watts
An imprint of
Hachette Children's Group
Part of Hodder & Stoughton
Carmelite House
50 Victoria Embankment
London EC4Y 0DZ
An Hachette UK Company
www.hachette.co.uk
www.franklinwatts.co.uk

Traditional Chinese Edition © 2023 Sun Ya Publications (HK) Ltd.
18/F, North Point Industrial Building, 499 King's Road, Hong Kong
Published in Hong Kong SAR, China
Printed in China

劍魚
很難過

凱蒂·伍利 著
戴維·奧魯米 繪
潘心慧 譯

新雅文化事業有限公司
www.sunya.com.hk

前言

　　《情緒海洋系列》能幫助小朋友認識自己的情緒，以及這些情緒對自己和別人所帶來的影響。與此同時，故事裏也會提供一些簡單的方法，幫助小朋友管理情緒。

　　每個故事皆以海洋為背景，講述海底學校的動物們在日常生活中所經歷的不同情緒，讓家長和老師能輕鬆地引導小朋友進入有關情緒的討論。例如在本故事《劍魚很難過》中，探討的情緒是難過──它會帶給小朋友什麼感覺，小朋友會因而產生什麼反應，以及怎樣處理這種情緒而變得更快樂。

　　本系列適合大人和小朋友一起共讀，以此開啟話題，進行討論。共讀故事時，建議選擇一個大人和小朋友都感到放鬆、不匆忙的時間。在正式講故事之前，大人可引導小朋友首先觀察書中的圖畫，猜一猜這本書的內容是什麼，讓小朋友能更快、更自然地投入故事。

新雅・點讀樂園 升級功能

讓親子閱讀更有趣！

本系列屬「新雅點讀樂園」產品之一，若配備新雅點讀筆，爸媽和孩子可以使用全書的點讀和錄音功能，聆聽粵語朗讀故事、粵語講故事和普通話朗讀故事，亦能點選圖中的角色，聆聽對白，生動地演繹出每個故事，讓孩子隨着聲音，進入豐富多彩的故事世界，而且更可錄下爸媽和孩子的聲音來說故事，增添親子閱讀的趣味！

「新雅點讀樂園」產品包括語文學習類、親子故事和知識類等圖書，種類豐富，旨在透過聲音和互動功能帶動孩子學習，提升他們的學習動機與趣味！

想了解更多新雅的點讀產品，請瀏覽新雅網頁(www.sunya.com.hk)或掃描右邊的QR code進入 新雅・點讀樂園 。

如何使用新雅點讀筆閱讀故事？

1. 下載本故事系列的點讀筆檔案

1. 瀏覽新雅網頁(www.sunya.com.hk) 或掃描右邊的QR code
   進入 新雅・點讀樂園 。

2. 點選 下載點讀筆檔案 ▶ 。

3. 依照下載區的步驟說明，點選及下載《情緒海洋系列》的點讀筆檔案至電
   腦，並複製至新雅點讀筆的「BOOKS」資料夾內。

2. 啟動點讀功能

開啟點讀筆後，請點選封面右上角的 圖示，然後便可翻開書本，
點選書本上的故事文字或圖畫，點讀筆便會播放相應的內容。

3. 選擇語言

如想切換播放語言，請點選內頁左上角的 粵 ☆ 普 圖示，當再次點選內
頁時，點讀筆便會使用所選的語言播放點選的內容。

4. 播放整個故事

如想播放整個故事，請直接點選以下圖示：

5. 製作獨一無二的點讀故事書

爸媽和孩子可以各自點選以下圖示，錄下自己的聲音來說故事！

1. 先點選圖示上 爸媽錄音 或 孩子錄音 的位置，再點 OK ，便可錄音。

2. 完成錄音後，請再次點選 OK ，停止錄音。

3. 最後點選 ▶ 的位置，便可播放錄音了！

4. 如想再次錄音，請重複以上步驟。注意每次只保留最後一次的錄音。

劍魚跟爸爸揮手說再見,心裏感到很難過。
「你該上牀睡覺了。」劍魚媽媽說,「不用擔心,爸爸過幾個星期就會回來。」

8

劍魚轉身再看一眼時，一滴眼淚順着她長長的鼻尖掉了下來。

第二天，劍魚仍然感到難過，但她知道爸爸必須照顧祖母一段時間。

到了學校門口，劍魚因為太難過而沒有
跟朋友們微笑和打招呼。

鯨魚和鯊魚比賽，看誰先游進課室。
他們飛快地越過劍魚。

劍魚向來喜歡游得很快，但今天她不想跟他們比賽。

鯊魚停下來，游回到他的朋友身邊。
「你怎麼了？」他問。

劍魚不想說話。
她一聲不響地游走了。

所有動物都嘗試逗劍魚開心。
神仙魚為她畫了一幅美麗的圖畫。

水母表演拋接貝殼。

鯨魚唱了一首很好聽的歌⋯⋯

但⋯⋯一點效果也沒有。

到了午飯時間，劍魚也不想玩，只是獨自
一個吃午餐。
　　獨角鯨老師游過來陪她。

「通常你都是第一個跑去玩的。」他說，
「什麼事情讓你那麼難過？」

19

劍魚哇哇大哭。

「我很想念爸爸！」她吸着鼻子說，「祖母病了，所以爸爸去探望她。我很擔心祖母，也因為爸爸不在而感到很難過。」

「換作是我，也會感到難過的。」獨角鯨老師點着頭說，「我們都會有感到難過的時候。」

他們在一起默默地坐了一會兒。
劍魚很喜歡這種安靜的陪伴。

然後，獨角鯨老師有個主意。

「不如寫一封信給你爸爸？」他說，「你可以告訴他，有什麼事情是他回家後你最想和他一起做的！」

23

「這個主意真好！」劍魚說。
她最喜歡和爸爸一起做事情了！

我想和爸爸
一起做什麼
呢？

他們喜歡一起收集貝殼、看書和聊天。

當天放學後，劍魚立刻游回家。

劍魚看着她收藏的貝殼，露出開心的表情。

她知道該寫些什麼了！

親愛的爸爸：

　　我希望祖母的身體很快好起來。您不在的時候，我感到有點難過，但我也知道祖母需要您。

　　您回家後，我們可不可以一起去拾貝殼？我想收集更多貝殼！

　　希望很快見到您！

　　　　　　　　　　　　　劍魚

寫完信後，劍魚便把它投進郵筒裏。

她仍然有點不開心，但也為拾貝殼的事感到興奮！

接下來的幾周過得很快,劍魚感到很開心。
她和朋友們比賽游泳。

劍魚請水母教她拋接貝殼。

她還和鯨魚合唱了一首歌！

有一天，劍魚在學校門口得到了一個驚喜。

「爸爸！」她高興得忍不住大叫，「祖母好些了嗎？」

「好多了！」劍魚爸爸點點頭，「我們一起去收集貝殼吧！」

認識 情緒 很重要！

情緒對你很重要，對於劍魚和她的朋友們也一樣。請你看看以下各圖，說一說圖中角色們的感覺。每幅圖畫旁邊的問題可以幫助你思考：

爸爸必須離開一段時間，劍魚有什麼感覺？

劍魚的表現因難過而有什麼改變？

劍魚的朋友們怎樣嘗試逗她開心？

什麼活動使劍魚不再那麼難過？

在故事的結尾，劍魚和她的爸爸有什麼感覺？

下次你感到難過時，可以怎樣做？

活動建議

看完故事後，家長或老師可以跟小朋友展開延伸活動，讓小朋友更容易吸收和理解故事中所說的情緒，並連繫到自己的日常生活經驗。以下有一些討論話題和活動建議供參考：

關於故事內容

· 請小朋友說說劍魚在不同事情發生後的感覺。

· 劍魚表現的方式好不好，為什麼？

關於認識自己

· 問問小朋友為什麼了解自己的情緒那麼重要。

· 請小朋友想一想，能夠明白自己在某情況下的情緒反應，他的心裏會不會覺得好過一些？

· 了解自己的情緒，會不會幫助他和其他小朋友相處得更好？為什麼？

關於認識自己和別人對情緒產生的反應

活動小提示：

* 此活動特別適合多人參與。如人數較少（例如只有爸爸、媽媽和小朋友），也可由各參與者說出自己的經驗、感覺和想法，再一起討論。

* 如參與的小朋友較多，可先把他們分成幾組再進行討論。

· 請參與者想一個可能會讓人感到難過的情況。問問他們怎樣使自己不再難過？（例如列出值得期待的事。）

· 分組時間結束後，各組請一人做代表，把記下的事情讀出來，然後全班一起討論。